Petit monde vivant

Les ratons laveurs

John Crossingham et Bobbie Kalman

Illustrations : Barbara Bedell

Traduction : Lyne Mondor

Les ratons laveurs est la traduction de *The Life Cycle of a Raccoon* de John Crossingham et Bobbie Kalman (ISBN 0-7787-0691-5).
© 2003, Crabtree Publishing Company, 612 Welland Ave., St. Catherines, Ontario, Canada L2M 5V6

Catalogage avant publication de Bibliothèque et Archives Canada

Crossingham, John, 1974-

    Les ratons laveurs

    (Petit monde vivant)
    Traduction de: The life cycle of a raccoon.
    Pour enfants de 6 à 10 ans.

    ISBN 2-89579-048-5

1. Raton laveur - Cycles biologiques - Ouvrages pour la jeunesse. I. Kalman, Bobbie, 1947- . II. Bedell, Barbara. III. Titre.
IV. Collection: Kalman, Bobbie, 1947- . Petit monde vivant.

QL737.C26C7614 2005   j599.76'32 C2005-940820-0

Nous reconnaissons l'aide financière du gouvernement
du Canada par l'entremise du Programme d'aide au
développement de l'industrie de l'édition (PADIÉ)
pour nos activités d'édition.

Conseil des Arts   **Canada Council**
du Canada   **for the Arts**

Bayard Canada Livres remercie
le Conseil des Arts du Canada du soutien
accordé à son programme d'édition dans
le cadre du Programme des subventions globales aux éditeurs.
Cet ouvrage a été publié avec le soutien de la SODEC.
Gouvernement du Québec – Programme de crédit d'impôt
pour l'édition de livres – Gestion SODEC.

Dépôt légal – 3ème trimestre 2005
Bibliothèque nationale du Québec
Bibliothèque nationale du Canada

Direction : Andrée-Anne Gratton
Traduction : Lyne Mondor
Graphisme : Richard Bacon
Révision : Marie Théorêt

© Bayard Canada Livres inc., 2005
4475, rue Frontenac
Montréal (Québec)
Canada H2H 2S2
Téléphone : (514) 844-2111 ou 1 866 844-2111
Télécopieur : (514) 278-3030
Courriel : redaction@bayardjeunesse.ca

Imprimé au Canada

Sur le site Internet :

Fiches d'activités pédagogiques
en lien avec tous les albums
des collections Petit monde vivant
et Le Raton Laveur

Catalogue complet

www.petitmondevivant.ca

Table des matières

Qu'est-ce qu'un raton laveur ?

Les ratons laveurs sont des mammifères. Tous les mammifères ont une colonne vertébrale. Ils respirent avec des poumons. Les mammifères sont couverts de fourrure ou de poils. Ce sont des animaux à sang chaud. Leur corps conserve la même température, que l'environnement soit chaud ou froid. Les ratons laveurs sont des animaux **vivipares**. Comme chez tous les mammifères, les mères nourrissent leurs petits avec le lait que produit leur corps.

Les ratons laveurs sont nocturnes : ils sont actifs surtout la nuit. Ils passent souvent la nuit entière à fourrager, c'est-à-dire à fouiller pour trouver de la nourriture. Les ratons laveurs ne sont pas difficiles en matière d'alimentation. Ils sont omnivores, se nourrissant aussi bien de végétaux que d'animaux. Ils utilisent leurs excellents sens de la vue, de l'odorat, de l'ouïe et du toucher pour trouver de la nourriture.

Les ratons laveurs sont facilement reconnaissables grâce à leur masque noir et à leur queue annelée.

Les proches parents des ratons laveurs

Les ratons appartiennent à une famille restreinte de mammifères appelée les *procyonidés*. Les coatis, les bassaris rusés, les kinkajous et les olingos font partie de cette famille. Il existe sept espèces, ou types, de ratons. Nous étudierons ici l'espèce la plus connue en Amérique du Nord : le raton laveur. En langue algonquine, *raton laveur* se dit « arakum », ce qui signifie « celui qui racle avec ses griffes ».

L'agouara, ou raton laveur crabier, vit en Amérique du Sud. Son pelage est plus court que celui du raton laveur. Ses mâchoires puissantes sont idéales pour broyer la carapace des crabes.

Le kinkajou, illustré ici, a de petites oreilles et un pelage court et épais, comme son cousin l'olingo. Tous deux vivent dans les forêts de l'Amérique du Sud et de l'Amérique centrale. Le kinkajou est plus gros que l'olingo.

Les scientifiques se demandent si le panda roux de l'Asie, ou petit panda, est vraiment un cousin du raton laveur.

Les coatis à queue annelée vivent surtout en Amérique centrale et en Amérique du Sud. Ce sont d'excellents grimpeurs. Ils dorment dans les arbres.

Les bassaris rusés vivent au Mexique et dans le sud-ouest des États-Unis. On les appelle également les chats à queue annelée.

Où vivent les ratons laveurs ?

Les ratons laveurs vivent en Amérique du Nord et en Amérique du Sud. On les trouve principalement dans l'est des États-Unis et du Canada. Les habitats ou les environnements les plus familiers du raton laveur sont les forêts et les terres humides. Les ratons laveurs vivent également dans les plaines et dans les régions urbaines, comme les banlieues et les villes.

Les régions en rouge indiquent où vivent les ratons laveurs en Amérique du Nord.

Comme on est bien chez soi !

Dans leur habitat, les ratons laveurs trouvent de confortables tanières. Ils y dorment, s'y cachent des **prédateurs** et s'y protègent des rigueurs du climat. Les ratons laveurs peuvent disposer de plusieurs abris simultanément. Au lieu de construire des tanières, ils utilisent les espaces qu'ils trouvent, comme de petites cavernes ou des trous creusés par d'autres animaux. Les cavités des grands arbres sont très appréciées, car elles sont situées au-dessus du sol, loin des prédateurs. Dans les villes, les ratons laveurs se logent parfois dans les cheminées, les greniers, les voitures abandonnées et les sous-sols.

Les terres humides, comme les marais, constituent d'excellents habitats pour les ratons laveurs. Elles abritent plusieurs végétaux et petits animaux que les ratons laveurs apprécient.

Les forêts et les cours d'eau

Quand cela est possible, les ratons laveurs vivent à proximité des arbres et des rivières, des ruisseaux ou des lacs. Les arbres leur servent d'abris et leur procurent des fruits et des noix. Les ratons laveurs sont des nageurs habiles. Ils s'installent souvent dans l'eau pour chasser de petits animaux. Ils se servent aussi de l'eau pour se désaltérer et attendrir leur nourriture avant de la manger.

Des climats variés

Les ratons laveurs peuvent vivre sous divers **climats**. Certains d'entre eux habitent dans des régions au climat tropical, où il fait chaud durant toute l'année. D'autres ratons laveurs vivent dans des zones au climat tempéré. Dans les régions tempérées, les étés sont chauds et les hivers sont froids.

Pour le raton laveur, l'habitat idéal comporte des emplacements sécuritaires pour aménager des tanières ainsi que des sources d'approvisionnement en nourriture et en eau potable.

Qu'est-ce qu'un cycle de vie ?

Ce sont les deux premières années de la vie des ratons laveurs qui sont les plus difficiles. Durant cette période, ils sont particulièrement vulnérables aux maladies et aux prédateurs.

Tous les animaux traversent une série de changements appelée *cycle de vie*. Ce cycle débute à la naissance de l'animal. Au fur et à mesure qu'il se développe, l'animal traverse différentes étapes. Puis il devient un adulte capable de se reproduire. Chacun de ses bébés marque le début d'un nouveau cycle de vie. Le cycle de vie du raton laveur est semblable à celui de la plupart des mammifères.

L'espérance de vie

Comme les humains, les animaux ont une espérance de vie. L'espérance de vie est la durée moyenne de la vie d'un individu. Chez les ratons laveurs, l'espérance de vie varie en fonction du milieu dans lequel ils vivent. Un raton laveur vivant dans la nature a une espérance de vie de cinq à huit ans. Les ratons laveurs vivant en captivité, comme dans les zoos, peuvent vivre de huit à treize ans. Leur espérance de vie est plus longue en captivité, car ils n'ont pas à affronter les prédateurs.

Un raton laveur vivant dans la nature a habituellement une espérance de vie moins longue qu'un raton laveur en captivité.

Le cycle de vie du raton laveur

Les embryons sont de minuscules organismes en développement. Chez les ratons laveurs, les embryons grandissent à l'intérieur de leur mère jusqu'à ce qu'ils soient prêts à naître. La mère donne naissance à une portée de trois ou quatre petits. Les bébés, appelés ratonneaux, dépendent entièrement de leur mère. Elle les protège et les nourrit. Les ratonneaux deviennent juvéniles vers deux à quatre mois. Les juvéniles sont capables de trouver de la nourriture sans l'aide de leur mère, mais ils continuent de vivre avec elle. À un an, le jeune raton laveur a presque atteint sa taille adulte. Il est prêt à quitter sa mère et à vivre de façon autonome. Le raton laveur devient un adulte mature vers deux ans.

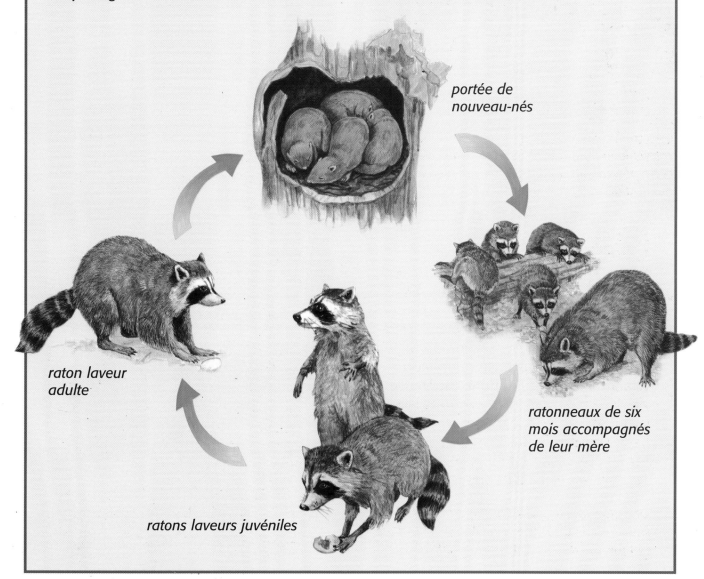

portée de nouveau-nés

raton laveur adulte

ratonneaux de six mois accompagnés de leur mère

ratons laveurs juvéniles

Préparer la naissance

Cette cavité est une tanière de mise bas idéale, car elle est située très haut au-dessus du sol.

Pour se **reproduire**, les ratons laveurs mâles et femelles doivent s'**accoupler**. Ils s'accouplent habituellement entre janvier et mars. Les femelles mettent bas en avril ou en mai. Avant de donner naissance à ses bébés, la mère est en gestation. La gestation est la période pendant laquelle les petits se développent à l'intérieur du corps de la mère. Cette période dure environ neuf semaines.

Sors d'ici !

La femelle partage parfois sa tanière avec d'autres adultes, particulièrement en hiver. Toutefois, quand elle est prête à s'accoupler, elle déloge les autres ratons laveurs. Elle attend ensuite la venue d'un mâle qui lui convient. Quand la femelle devient **gestante**, elle prépare une tanière confortable et sécuritaire où elle va mettre bas et élever ses petits. Si sa tanière est aménagée dans un arbre, la future maman pourra mâchonner du bois et le racler afin de confectionner un plancher douillet pour ses petits. Si sa tanière n'est pas assez dissimulée pour assurer la protection de ses petits, elle partira à la recherche d'un nouvel abri.

Bien s'alimenter

Les ratons laveurs sont affamés quand arrive le printemps, car ils ont beaucoup de difficulté à trouver de la nourriture pendant l'hiver. Les femelles gestantes sont particulièrement affamées. Elles ont besoin de manger davantage pour que leurs embryons se développent. C'est pourquoi elles fourragent presque sans cesse au printemps.

Les ratonneaux sont nés

Les ratons laveurs femelles n'ont qu'une seule portée par année. La plupart des portées comptent trois ou quatre ratonneaux. Certaines portées peuvent en compter jusqu'à huit. Les ratonneaux naissent dans la tanière. Ils sont minuscules et sans défense. Aussitôt après leur naissance, la mère les lèche pour les nettoyer.

Les nouveau-nés mesurent de 10 à 15 centimètres. Ils sont couverts d'une légère couche de fourrure tirant sur le gris. Leur pelage s'épaissit quelques semaines plus tard. Il arrive souvent que les petits naissent sans leurs marques caractéristiques au visage et à la queue. Elles apparaissent alors au bout d'une semaine.

Durant les trois premières semaines de leur vie, les petits ont les oreilles et les yeux scellés.

Leur premier repas

Très tôt après leur naissance, les ratonneaux commencent à boire le lait que produit le corps de leur mère. La mère s'étend sur le côté ou sur le dos pour aider les bébés à trouver ses **tétines**. Cette façon de nourrir les petits s'appelle l'allaitement. Bien qu'ils soient sourds et aveugles, les ratonneaux émettent des sons. Les nouveau-nés poussent de petits cris aigus semblables au pépiement des oiseaux. De cette façon, ils avertissent leur mère qu'ils sont affamés.

Le ratonneau est dépourvu de dents jusqu'à environ un mois. Tant que sa mère l'allaite, il n'en a pas besoin.

Les ratonneaux sont incapables de marcher immédiatement, mais ils peuvent utiliser leurs pattes arrière pour se déplacer aux alentours. Toutefois, leur mère les empêche de sortir de la tanière pendant plusieurs semaines.

La vie avec la mère

La plupart des ratons laveurs fourragent toute la nuit. Mais la mère de très jeunes ratons ne sort de la tanière que quelques heures chaque soir. Elle visite les endroits où elle peut trouver de la nourriture rapidement.

La mère a un comportement très protecteur envers ses petits. Elle s'efforce de les tenir à l'écart du danger.

Durant les premières semaines de leur vie, les ratonneaux ne font rien d'autre que dormir et téter le lait. Ils doivent se développer encore beaucoup avant de pouvoir sortir de la tanière. Leur mère les laisse rarement seuls. Elle les surveille constamment, craignant les prédateurs comme les grands ducs et les renards.

Une croissance rapide

Les ratonneaux se développent rapidement, car le lait de leur mère est riche en matières grasses et en **nutriments**. Un mois après leur naissance, les ratonneaux ont plus que doublé de taille. Ils peuvent voir, entendre et émettre plusieurs sons. À cet âge, ils grognent, sifflent, grommellent et ronronnent. Les ratons laveurs ronronnent pour se réconforter ou pour montrer qu'ils sont contents.

Le deuxième mois

Durant le deuxième mois, le raton-neau commence à être beaucoup plus actif. À six semaines, il peut marcher, courir et grimper. Par la suite, il commence à « jouer à combattre ». Les petits prennent des postures menaçantes, reproduisant ainsi le comportement que les adultes adoptent pour faire fuir les prédateurs (voir la page 24). En simulant les combats, les jeunes ratons se familiarisent avec leur corps avant de quitter leur mère.

Presque prêts

Les ratonneaux continuent à boire du lait pendant environ deux mois. Après quelque temps, la mère commence à les allaiter en s'ins-tallant en position assise plutôt qu'en position couchée. Si les ratonneaux ne sont pas assez grands, elle les soulève et les dirige vers ses tétines. Au bout de sept ou huit semaines, la mère déménage les ratonneaux de la tanière de mise bas. Elle les transporte un à un dans une autre de ses tanières.

Quand le ratonneau atteint deux mois, le masque de sa face et les anneaux de sa queue sont clairement dessinés. Son corps s'est également arrondi. Le ratonneau ressemble alors à une version miniature de ses parents.

Allons explorer !

Quand les ratonneaux arrivent dans leur nouvelle tanière, leur vie commence à changer. Leur mère entreprend leur sevrage, c'est-à-dire qu'elle cesse peu à peu de les nourrir de son lait. Vers l'âge de trois mois, les petits ratons laveurs deviennent juvéniles. Ils sortent de la tanière et apprennent à fourrager avec leur mère.

Suis-moi

Quand ils vont fourrager, les ratons laveurs juvéniles suivent leur mère à la file indienne. La mère émet un ronron-nement afin qu'ils la suivent de près. Toute la famille doit rester ensemble par mesure de prudence, car les jeunes animaux représentent toujours des **proies** pour les **prédateurs**. Quand un petit tente de s'éloigner du groupe, sa mère le tape, puis le ramène avec les autres. Si une source de danger est proche, elle grogne bruyamment.

Les ratons laveurs juvéniles savent naturellement grimper aux arbres (photo du haut), mais ils ont besoin de leur mère pour leur apprendre à redescendre (photo du bas) !

Qu'y a-t-il au menu ?

La mère montre à ses petits comment trouver des sources variées de nourriture. Elle leur enseigne quelle écorce, quelles baies sauvages et quelles noix sont bonnes à manger. Elle leur apprend également à chasser des animaux, comme des grenouilles, des couleuvres, des insectes et des petits poissons. Les œufs de reptiles et d'oiseaux sont une autre source importante de nourriture.

En utilisant leur odorat développé et leurs griffes acérées, les ratons laveurs juvéniles apprennent à repérer les nids enfouis des tortues et à déterrer les œufs qui s'y trouvent.

Ajouter un peu d'eau

Les ratons laveurs mangent habituellement à proximité d'une source d'eau. Ils ont la réputation de laver leur nourriture avant de la manger. En réalité, ils utilisent l'eau pour attendrir leur nourriture. Les ratons laveurs plongent également dans l'eau leurs pattes avant, ou pattes antérieures. La peau de leurs pattes avant a une grande sensibilité et encore plus quand elle est mouillée. Les ratons laveurs juvéniles apprennent à mouiller leurs pattes antérieures lorsqu'ils mangent. Ils les utilisent ensuite pour tâter leur nourriture et identifier les parties bonnes à manger.

Les ratons laveurs sont très habiles pour capturer des poissons et des petits animaux aquatiques. Ce sont les mères qui enseignent ces habiletés à leurs petits.

L'aire d'habitation

Le raton laveur mâle défend férocement son aire d'habitation contres les autres mâles.

Chaque raton laveur possède sa propre aire d'habitation. C'est le territoire dans lequel se trouvent ses tanières et des fourrages pour son alimentation. Même les ratons laveurs des villes possèdent leur aire d'habitation. Les ratons laveurs délaissent rarement leur aire d'habitation, sauf quand ils n'y trouvent plus de nourriture ou de partenaires.

Quelle superficie ?

La superficie de l'aire d'habitation du raton laveur dépend de la quantité de nourriture disponible. Plus la nourriture y est abondante, plus l'aire d'habitation est réduite, puisque le raton laveur n'a pas à se déplacer très loin pour trouver de quoi se mettre sous la dent. Dans certaines régions, un raton laveur peut se contenter d'une zone pas plus grande qu'un terrain de football. Les aires d'habitation les plus grandes couvrent environ huit kilomètres carrés.

Un lieu familier

Le raton laveur évite de s'éloigner de son aire d'habitation. Pour lui, c'est un lieu sécuritaire. Connaissant très bien son territoire, il sait où se diriger pour trouver de l'eau et de la nourriture. Il connaît également les meilleurs secteurs pour établir des tanières ainsi que les emplacements les plus sécuritaires pour faire des siestes. Quand un raton laveur perçoit un danger, il n'a pas besoin de chercher un endroit où se cacher. Il sait déjà où aller pour échapper aux prédateurs.

Habituellement, les aires d'habitation des ratons laveurs mâles et femelles se chevauchent. Parfois, les ratons laveurs partagent la même tanière ou s'entraident pour trouver de la nourriture.

Les ratons laveurs des régions urbaines suivent un itinéraire, c'est-à-dire qu'ils parcourent le même trajet, jour après jour, tout en fourrageant. Chaque itinéraire mène à un lieu de ravitaillement.

Partir de la maison

Vers l'âge de quatre ou cinq mois, les ratons laveurs juvéniles deviennent de plus en plus indépendants. Ils commencent à dormir et à fourrager seuls. Ils n'ont pas encore atteint leur taille maximale, mais ils ont déjà beaucoup appris sur la manière de trouver de la nourriture et d'échapper aux prédateurs. Après un certain temps, ils délaissent la tanière et l'aire d'habitation de leur mère. Ils se lancent à la recherche de leur propre territoire.

Il est temps de partir

Selon l'endroit où il vit, le raton laveur juvénile quitte sa mère plus ou moins tôt. Les ratons laveurs des régions où les hivers sont chauds partent souvent durant leur premier automne, dès l'âge de cinq à sept mois. Les ratons juvéniles du Canada et du nord des États-Unis restent avec leur mère jusqu'à un an environ. Ils attendent que le printemps arrive avant de partir à la recherche de leur propre territoire.

Quand l'approvisionnement de nourriture est suffisant, certains ratons laveurs juvéniles femelles restent dans l'aire d'habitation de leur mère. Les mâles, de leur côté, délaissent toujours l'aire d'habitation familiale pour trouver la leur.

La recherche commence

Les ratons laveurs juvéniles mâles se déplacent plus loin que les femelles pour trouver une aire d'habitation. Les jeunes mâles doivent trouver un territoire qui n'est pas encore occupé par des mâles adultes. Les mâles adultes ne tolèrent habituellement pas d'autres mâles dans leur aire d'habitation. S'ils laissaient d'autres mâles s'établir, la compétition pour trouver des partenaires afin de s'accoupler serait plus forte.

Le mâle peut parcourir de 15 à 30 kilomètres pour trouver son nouveau territoire. La femelle ne se déplace souvent que sur une courte distance. Elle risque peu de se faire expulser d'une aire d'habitation par un raton laveur adulte, sauf si la nourriture est insuffisante.

Les ratons laveurs juvéniles les plus vigoureux de la portée s'installent habituellement dans les territoires situés près du lieu de leur naissance. Les moins vigoureux se font repousser. Ce raton laveur juvénile semble installé bien confortablement dans son nouvel abri.

21

L'accouplement

Le raton laveur peut se reproduire quand il atteint sa maturité, c'est-à-dire son plein développement. Les femelles sont prêtes à s'accoupler vers un an. Les mâles atteignent leur maturité plus tardivement. Ils doivent accroître leur taille pour être assez vigoureux quand vient le temps d'entrer en compétition avec les autres mâles, en vue de s'accoupler. La plupart des mâles sont aptes à se reproduire vers deux ans.

Trouver des partenaires

Quand un mâle est prêt à s'accoupler, il part à la recherche d'une femelle. Il sait où se trouvent les tanières des femelles dans son aire d'habitation. S'il y a peu ou pas de femelles dans son territoire, il le quitte. Avec son odorat, il repère les femelles en état d'**œstrus**, c'est-à-dire qui sont prêtes à s'accoupler. Il s'accouplera avec le plus de femelles possible.

Le mois de février est le moment où les mâles cherchent généralement des partenaires.

Pas si vite

Les femelles sont difficiles quand vient le temps de choisir un partenaire. Elles sont agressives envers tous les mâles qui s'approchent. Elles grognent et essaient de les chasser. Les mâles chétifs prennent la fuite, tandis que les mâles vigoureux persistent. Ce moyen de sélection assure que seuls les mâles les plus forts pourront s'accoupler.

Quand ils cherchent à s'accoupler, les mâles émettent un son particulier, une espèce de « hou », pour attirer l'attention des femelles.

Du temps ensemble

Après l'accouplement, le mâle et la femelle restent ensemble, parfois presque tout un mois. Durant cette période, le mâle dort dans la tanière de sa compagne et fourrage avec elle. Après quelque temps, le mâle quitte la tanière de la femelle. Pendant qu'il essaie de trouver une autre partenaire en état d'œstrus, la femelle cherche une tanière de mise bas. La femelle gestante refuse de partager sa tanière avec un autre mâle, jusqu'à la naissance de ses petits.

Pendant la saison des amours, les mâles sont agressifs et surveillent toujours la présence d'autres mâles.

Envoyer des messages

Quand ils perçoivent un danger, les adultes grondent et sifflent pour faire fuir leurs ennemis. Ils grognent et crient pour avertir les autres ratons laveurs de se réfugier rapidement.

Les ratons laveurs communiquent, ou s'envoient des messages de plusieurs manières. Ils recourent aux sons, aux postures et aux odeurs pour communiquer entre eux ou pour transmettre des messages aux autres animaux. Les ratonneaux émettent des sons aigus variés pour indiquer à leur mère qu'ils ont faim ou froid.

Quelle est cette odeur ?

Chaque raton laveur a une odeur qui lui est propre. Le raton laveur se frotte contre les arbres et les rochers de son aire d'habitation pour les imprégner de son odeur. Cette odeur est un avertissement destiné aux autres ratons laveurs : « Ce territoire est déjà occupé. Installez-vous ailleurs ! » Les ratons laveurs utilisent également leur puissant odorat pour reconnaître les autres ou pour repérer leurs ratonneaux.

Va-t'en !

Quand il devient agressif, le raton laveur adopte des postures menaçantes pour faire fuir les prédateurs ou les autres ratons laveurs. Il renverse ses oreilles et les couche contre sa tête. Il montre ses dents et tient la tête basse. Finalement, il agite sa queue vigoureusement.

Bonne nuit !

Dans les régions où les hivers sont froids, les ratons laveurs doivent affronter les rigueurs du climat et faire face aux pénuries de nourriture. Ils arrivent à survivre à cette saison difficile en entrant dans un état de sommeil profond appelé *torpeur*. Pour se préparer à ce sommeil, les ratons laveurs passent l'automne à manger le plus de nourriture grasse qu'ils peuvent trouver. Leur corps emmagasine cette nourriture sous forme de graisse. De cette façon, les ratons laveurs n'ont pas besoin de fourrager pendant l'hiver. Ils peuvent donc dormir dans leur tanière hivernale et vivre de l'énergie emmagasinée dans leur gras corporel.

Un réveil rapide

La torpeur est semblable à un autre type de sommeil profond appelé hibernation. Cependant, l'animal qui hiberne ne se réveille pas de l'hiver. Sa température corporelle descend et se stabilise juste au-dessus du point de congélation. L'animal en état d'hibernation a besoin de quelques jours pour se réveiller complètement. Pour sa part, l'animal qui entre en état de torpeur, comme le raton laveur ou l'ours, peut se réveiller très rapidement s'il le faut. Sa température corporelle ne baisse que de quelques degrés. Il entre en état de torpeur seulement les jours les plus froids. Les jours de redoux, l'animal sort de sa tanière pour fourrager ou même pour chercher un partenaire.

Des ratons laveurs remarquables

Les ratons laveurs sont parfaitement **adaptés** à leur habitat. Leur corps convient tout à fait pour trouver de la nourriture, éviter les prédateurs et élever leurs petits. Lis ce qui suit pour connaître quelques-uns des aspects qui font des ratons laveurs des animaux remarquables.

Se tenir caché

Les couleurs et les marques du raton laveur servent de camouflage. Grâce à elles, l'animal peut se confondre avec l'environnement. Un raton laveur est difficile à repérer quand il s'assoit sans bouger parmi les arbres. Son pelage a une couleur semblable à celle de l'écorce de l'arbre. Son masque facial et sa queue annelée ressemblent aux ombres des branches.

De bonnes mains

Les ratons laveurs ont des pattes avant très bien développées comparées à celles des autres animaux. Les pattes avant du raton laveur sont très flexibles. Les ratons laveurs sont capables de saisir fermement des objets aussi petits qu'une pièce de monnaie. Leurs paumes sont extrêmement sensibles, particulièrement quand elles sont mouillées. Grâce à leurs paumes, les ratons laveurs peuvent percevoir les faibles vibrations que produisent les proies dans l'eau, comme les poissons, les crabes et les écrevisses.

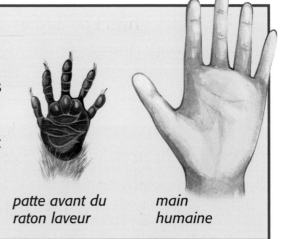

patte avant du raton laveur   *main humaine*

La propreté

Les ratons laveurs qui partagent la même aire d'habitation évacuent tous leurs excréments dans la même fosse, appelée *latrines*. Cela permet de garder la tanière propre. Les ratons laveurs reconnaissent parfois les autres locataires de leur aire d'habitation par l'odeur de leurs excréments.

Je peux entrer ici !

Les ratons laveurs sont des bêtes intelligentes qui apprennent rapidement. Ils deviennent particulièrement curieux quand il s'agit de trouver de la nourriture. Les ratons laveurs devinent assez aisément comment ouvrir les portes, les armoires, les poubelles et les réfrigérateurs. Ils utilisent parfois les portes des animaux domestiques pour s'infiltrer dans les maisons.

Miam, miam, miam

Les ratons laveurs inspectent leur nourriture de près avant de la manger. Ils secouent leur nourriture dans l'eau, la frottent avec leurs pattes avant, puis la portent à leur nez pour la sentir.

La vie à proximité d'un cours d'eau est remplie d'occasions pour manger et explorer.

Les menaces pesant sur les ratons laveurs

Même si les ratons laveurs sont forts et intelligents, plusieurs dangers les guettent. Certaines menaces, comme les maladies, sont naturelles. Malheureusement, la plupart des menaces pesant sur les ratons laveurs sont causées par les humains. À cause de la pollution, des voitures, de la chasse et de la destruction de leur habitat, les ratons laveurs sont en péril. Quand il faut abattre des arbres pour fabriquer du papier ou des planches, les entreprises d'exploitation forestière pratiquent souvent des coupes à blanc. Autrement dit, ces entreprises rasent tous les arbres d'une région de la forêt. Cette pratique détruit l'habitat des ratons laveurs. Ces animaux ont besoin des arbres pour s'abriter et se nourrir. Quand les arbres de l'aire d'habitation d'un raton laveur ont été rasés, l'animal doit quitter son territoire.

Les chasseurs

Les ratons laveurs doivent toujours rester aux aguets à cause des prédateurs, tels que les alligators, les renards, les loups et les grands ducs. Cependant, leurs plus dangereux prédateurs sont les humains. Ils chassent ces animaux pour leur fourrure et parfois simplement pour le plaisir.

Les risques de la route

Dans certaines régions, il y a plus de ratons laveurs tués par les voitures que par toute autre chose. La plupart des victimes sont de jeunes ratons laveurs. Ils n'ont pas encore conscience des dangers que représentent les routes et les voitures.

Ce raton laveur a été capturé dans une région urbaine par un agent de contrôle animal. Il sera relâché dans la nature.

C'est pollué !

La pollution de l'air et de l'eau cause des dommages à tous les animaux, y compris les ratons laveurs. Les végétaux dont se nourrissent les ratons laveurs ne se développent pas aussi bien quand l'air est pollué. La pollution de l'eau est encore plus dommageable, car les ratons laveurs se nourrissent de plusieurs animaux aquatiques. Or, ces animaux transportent dans leur corps la pollution se trouvant dans l'eau. La pollution est ensuite transmise aux ratons laveurs qui se nourrissent de ces animaux. De plus, les ratons laveurs boivent l'eau polluée et l'utilisent pour attendrir leur nourriture.

Secourir les ratons laveurs

L'une des meilleures façons de secourir les ratons laveurs est de respecter leur environnement. On peut réduire la pollution en recyclant le verre, le plastique, le métal et le papier. On peut également encourager les groupes qui s'opposent à la pratique des coupes à blanc. Cela contribue à la préservation des arbres dont les ratons laveurs ont besoin pour survivre.

Les ratons laveurs ressemblent peut-être à de mignonnes peluches, mais attention, ce sont des bêtes sauvages. Ils peuvent mordre si on les approche ou s'ils se sentent menacés. Leurs morsures peuvent causer des maladies, comme la rage. Si tu aperçois un raton laveur, laisse-le tranquille. N'essaie pas de le toucher ! Ne lui donne pas à manger. Ne garde pas un raton laveur comme animal domestique.

Tu dois partir

Il arrive souvent que des ratons laveurs établissent leurs tanières dans les recoins d'une maison ou d'une remise. C'est pourquoi il faut sceller tous les accès aux sous-sols pour empêcher les ratons laveurs d'y entrer. Si tu découvres un raton laveur dans ta demeure, tu dois appeler les agents de contrôle animal de ta localité. Ils s'occuperont de le capturer et de le remettre en liberté dans la nature.

Ne me tente pas

Un raton laveur vivant à la ville ou près de la ville revient toujours aux endroits où il a déjà trouvé de la nourriture. C'est pourquoi il ne faut jamais laisser la nourriture des animaux domestiques à la portée des ratons laveurs. Le raton laveur est bien connu pour renverser et fouiller les poubelles. Il faut donc s'assurer que le mécanisme de fermeture du couvercle de la poubelle est solide. Si le raton laveur ne trouve pas de nourriture aux alentours de ta maison, il ne s'en approchera plus.

Les ratons laveurs adorent trouver des restes de nourriture. Si tu assistes à ce spectacle, n'essaie pas de retirer les aliments au raton laveur !

Glossaire

accoupler (s')   S'unir avec un partenaire de sexe opposé en vue de procréer

adapté   En harmonie avec son habitat ou son environnement

captivité   État d'un animal privé de liberté et ne vivant plus dans la nature

climat   Conditions météorologiques d'une région considérées sur une longue période; le climat comprend la température, les précipitations et le vent

gestante   Se dit d'une femelle qui transporte un ou plusieurs bébés dans son ventre

nutriment   Substance nécessaire à la croissance et à la santé des êtres vivants

œstrus   Période durant laquelle la femelle est prête à s'accoupler; l'œstrus est aussi appelé *rut*

prédateur   Animal qui chasse d'autres animaux pour se nourrir

proie   Animal qui se fait pourchasser et dévorer par d'autres animaux

reproduire (se)   Donner naissance à un être semblable à soi-même

tanière de mise bas   Tanière dans laquelle le raton laveur femelle donne naissance à ses petits et les élève

tétine   Bout d'une mamelle par lequel un bébé mammifère boit le lait maternel

vivipare   Se dit d'un bébé animal qui se développe dans le ventre de sa mère et non dans un œuf, et dont le corps est bien formé à la naissance

Index